INTERVIEW BOOK

Guide d'entretien

Farasmethod

Sommaire / Summary

Présentation de l'interview book / Introduction to the Interview Book ---3

Informations sur l'entretien et l'entreprise / Information about the interview and the company -- 4

Informations sur le candidat / Candidate Information -- 5

Questions fréquemment posées en entretien / Frequently Asked Interview Questions --6 - 7

Évaluation / Evaluation -- 8

Répétition des pages de préparation d'entretien / Duplicate Interview Preparation Pages --9 - 52

Astuces et conseils / Tips and Advice --53 - 57

Remerciement / thank you --- 58

Présentation de l'Interview Book

L'Interview Book est un carnet spécialement conçu pour accompagner à la fois les professionnels du recrutement et les chercheurs d'emploi dans la préparation et la conduite des entretiens d'embauche. Ce support pratique et structuré offre des outils essentiels pour optimiser chaque étape du processus, de la préparation à l'évaluation finale.

Pour les recruteurs et chargés de recrutement

En tant que recruteur, l'Interview Book vous offre un guide détaillé pour structurer vos entretiens. Vous y trouverez des questions clés à poser, des espaces pour prendre des notes et une méthodologie d'évaluation des candidats. Ce carnet est un véritable atout pour rendre vos entretiens plus efficaces, cohérents et objectifs.

Pour les chercheurs d'emploi

Pour le candidat, l'Interview Book permet de mieux se préparer aux entretiens en offrant des espaces pour organiser ses réponses, prendre des notes sur l'entreprise et le poste, et même auto-évaluer ses performances après l'entretien. Ce carnet vous aide à gagner en confiance et à aborder chaque entretien de manière stratégique et organisée.

Utilité principale

L'Interview Book est conçu comme un compagnon idéal pour réussir ses entretiens d'embauche, en fournissant à la fois structure et flexibilité pour que chaque candidat et recruteur puissent s'y retrouver et en tirer le meilleur parti.

INTERVIEW BOOK

Introduction to the Interview Book

The Interview Book is a notebook specifically designed to assist both recruitment professionals and job seekers in preparing and conducting job interviews. This practical and structured tool provides essential resources to optimize every step of the process, from preparation to the final evaluation.

For Recruiters and Hiring Managers

As a recruiter, the Interview Book offers a detailed guide to structure your interviews. You'll find key questions to ask, spaces for note-taking, and a candidate evaluation methodology. This book is a valuable asset to make your interviews more efficient, consistent, and objective.

For Job Seekers

For candidates, the Interview Book helps to better prepare for interviews by providing spaces to organize their responses, take notes about the company and the position, and even self-evaluate their performance after the interview. This notebook helps you gain confidence and approach each interview in a strategic and organized manner.

Main Purpose

The Interview Book is designed as the ideal companion for successful job interviews, providing both structure and flexibility so that every candidate and recruiter can make the most of it.

Informations sur l'entretien et l'entreprise / Information about the interview and the company

Date de l'entretien / Interview date : --

Interlocuteurs/ Interlocutors : --

Fonction des interlocuteurs / Role of the interlocutors : ---

Coordonnées des interlocuteurs / Contact details of the interlocutors : -----------------------------------

Nom de l'entreprise / Company name : ---

Activités principales / Main activities : ---

Informations clés de l'entreprise / Key information about the company :

Dernières actualités de l'entreprise / Latest news from the company :

Fiche de poste / Job description

Intitulé du poste / Job title : --

Missions principales du poste / Main responsibilities of the position :

Compétences techniques requises / Required technical skills :

Compétences secondaires ou transverses / Secondary or transversal skills : ------------------------

Savoir-être / Soft skills : ---

Diplômes requis / Required diplomas : --

Logiciels à maîtriser / Software to master : ---

Langues requises / Required languages : ---

Expérience requise / Required experience : --

Fourchette de rémunération / Salary range : ---

Avantages / Benefits : ---

Contexte de création du poste / Context of the creation of the position : -------------------------

Date de prise de poste / Start date : --

Avec qui vais-je collaborer / Who will I collaborate with : ---

Projets annexes / Additional projects : --

Perspectives d'évolution / Career progression opportunities : ---------------------------------------

Composition de l'équipe / Team composition : ---

Informations sur le candidat / Candidate Information

Nom du candidat / Candidate's Name : --

Localisation / Location : ---

Mobilité / Mobility : --

Type de contrat recherché / Desired Contract Type : ---

Poste actuel ou dernier poste occupé / Current Position or Last position held : ---------------------------------

Ancienneté sur le poste actuel / Seniority in Current Position : --

Compétences et caractéristiques personnelles / Skills and Personal Traits

Dernier diplôme validé / Latest Degree Earned : --

Nombre d'années d'expérience / Years of Experience : --

Compétences techniques / Technical Skills : --

Savoir-être / Soft Skills : --

Logiciels maîtrisés / Software Proficiency : ---

Langues parlées / Languages Spoken : --

Motivations / Motivations : ---

Objectifs court et moyen terme / Short- and medium-term goals : --

Ambitions et projections / Ambitions and Career Goals : ---

Points forts / Strengths : ---

Axes d'amélioration / Areas for Improvement : ---

Fourchette de rémunération / Salary range : --

Parcours professionnel du candidat / Candidate's Professional Background

Entreprise Compagny	Dates Date	Durée Duration	Type de contrat Contract Type	Poste Position	Motif du départ Reason of leaving

Ce que mes expériences professionnelles m'ont apporté / What my professional experiences have brought me :

Mes contributions et mes réalisations / My contributions and achievements :

Questions fréquemment posées en entretien / Frequently Asked Interview Questions

1) Parlez-moi de vous / Tell me about yourself

_____
_____
_____
_____
_____
_____
_____
_____

2) Pourquoi souhaitez-vous rejoindre notre entreprise / Why do you want to join our company

_____
_____
_____
_____
_____
_____
_____
_____

3) Quels sont vos points forts et vos points faibles / What are your strengths and weaknesses

_____
_____
_____
_____
_____
_____
_____
_____

4) Parlez-nous d'une situation où vous avez dû faire face à un défi professionnel / Tell us about a situation where you had to face a professional challenge

_____
_____
_____
_____
_____
_____
_____
_____

5) Où vous voyez-vous dans 5 ans / Where do you see yourself in 5 years

_____
_____
_____
_____
_____
_____
_____
_____

Notes

_____
_____
_____
_____
_____
_____
_____
_____
_____
_____

Questions fréquemment posées en entretien / Frequently Asked Interview Questions

6) Pourquoi avez-vous quitté votre dernier poste / Why did you leave your last position

7) Comment gérez-vous le stress et les situations difficiles / How do you handle stress and difficult situations

8) Qu'est-ce qui vous motive dans votre travail / What motivates you in your work

9) Quels sont vos objectifs à court et à long terme / What are your short- and long-term goals

10) Avez-vous des questions pour nous / Do you have any questions for us

Notes

Évaluation / Evaluation

Compétences techniques / Technical skills

A) Sur une échelle de 1 à 5, comment évaluez-vous les compétences techniques du candidat ?
On a scale of 1 to 5, how do you assess the candidate's technical skills?

1 - Faibles / Weak
2 - Moyennes / Average
3 - Bonnes / Good
4 - Très bonnes / Very good
5 - Excellentes / Excellent

Compétences comportementales / Behavioral skills

B) Sur une échelle de 1 à 5, comment évaluez-vous les compétences comportementales du candidat ?
On a scale of 1 to 5, how do you assess the candidate's behavioral skills?

1 - Faibles / Weak
2 - Moyennes / Average
3 - Bonnes / Good
4 - Très bonnes / Very good
5 - Excellentes / Excellent

Motivation et adéquation au poste / Motivation and job suitability

C) Sur une échelle de 1 à 5, comment évaluez-vous la motivation du candidat et son adéquation au poste ?
On a scale of 1 to 5, how do you assess the candidate's motivation and suitability for the position?

1 - Pas du tout motivé / Pas du tout adapté / Not motivated at all / Not suitable at all
2 - Peu motivé / Peu adapté / Slightly motivated / Slightly suitable
3 - Moyennement motivé / Moyennement adapté / Moderately motivated / Moderately suitable
4 - Très motivé / Très bien adapté / Highly motivated / Very well suited
5 - Extrêmement motivé / Parfaitement adapté / Extremely motivated / Perfectly suited

D) Synthèse globale de l'entretien / Overall interview summary

_____
_____
_____
_____
_____
_____
_____
_____
_____

E) Décision / Decision:

1 - Recommander pour le poste / Recommend for the position
2 - Ne pas recommander pour le poste / Do not recommend for the position
3 - À revoir après un autre entretien / To be reconsidered after another interview

Nombre de candidats reçus pour le poste / Number of candidates interviewed for the position : _____

Classement du candidat (par rapport aux autres candidats) / Candidate ranking (compared to other candidates) : _____

Suite du processus d'entretien / Next steps in the interview process : _____

Délai de retour sur la candidature / Response time for the application : _____

Date du prochain entretien / Date of the next interview : _____

Interlocuteur du prochain entretien / Next interview contact person : _____

Décision finale / Final decision : _____

Informations sur l'entretien et l'entreprise / Information about the interview and the company

Date de l'entretien / Interview date : --

Interlocuteurs/ Interlocutors : --

Fonction des interlocuteurs / Role of the interlocutors : --

Coordonnées des interlocuteurs / Contact details of the interlocutors : --

Nom de l'entreprise / Company name : ---

Activités principales / Main activities : ---

Informations clés de l'entreprise / Key information about the company :

Dernières actualités de l'entreprise / Latest news from the company :

Fiche de poste / Job description

Intitulé du poste / Job title : ---

Missions principales du poste / Main responsibilities of the position :

Compétences techniques requises / Required technical skills :

Compétences secondaires ou transverses / Secondary or transversal skills : ----------------------------------

Savoir-être / Soft skills : ---

Diplômes requis / Required diplomas : ---

Logiciels à maîtriser / Software to master : ---

Langues requises / Required languages : ---

Expérience requise / Required experience : ---

Fourchette de rémunération / Salary range : ---

Avantages / Benefits : --

Contexte de création du poste / Context of the creation of the position : ---

Date de prise de poste / Start date : --

Avec qui vais-je collaborer / Who will I collaborate with : ---

Projets annexes / Additional projects : --

Perspectives d'évolution / Career progression opportunities : ---

Composition de l'équipe / Team composition : ---

Informations sur le candidat / Candidate Information

Nom du candidat / Candidate's Name : ----------

Localisation / Location : ----------

Mobilité / Mobility : ----------

Type de contrat recherché / Desired Contract Type : ----------

Poste actuel ou dernier poste occupé / Current Position or Last position held : ----------

Ancienneté sur le poste actuel / Seniority in Current Position : ----------

Compétences et caractéristiques personnelles / Skills and Personal Traits

Dernier diplôme validé / Latest Degree Earned : ----------

Nombre d'années d'expérience / Years of Experience : ----------

Compétences techniques / Technical Skills : ----------

Savoir-être / Soft Skills : ----------

Logiciels maîtrisés / Software Proficiency : ----------

Langues parlées / Languages Spoken : ----------

Motivations / Motivations : ----------

Objectifs court et moyen terme / Short- and medium-term goals : ----------

Ambitions et projections / Ambitions and Career Goals : ----------

Points forts / Strengths : ----------

Axes d'amélioration / Areas for Improvement : ----------

Fourchette de rémunération / Salary range : ----------

Parcours professionnel du candidat / Candidate's Professional Background

Entreprise Compagny	Dates Date	Durée Duration	Type de contrat Contract Type	Poste Position	Motif du départ Reason of leaving

Ce que mes expériences professionnelles m'ont apporté / What my professional experiences have brought me :

Mes contributions et mes réalisations / My contributions and achievements :

Questions fréquemment posées en entretien / Frequently Asked Interview Questions

1) Parlez-moi de vous / Tell me about yourself

---

2) Pourquoi souhaitez-vous rejoindre notre entreprise / Why do you want to join our company

---

3) Quels sont vos points forts et vos points faibles / What are your strengths and weaknesses

---

4) Parlez-nous d'une situation où vous avez dû faire face à un défi professionnel / Tell us about a situation where you had to face a professional challenge

---

5) Où vous voyez-vous dans 5 ans / Where do you see yourself in 5 years

---

Notes

Questions fréquemment posées en entretien / Frequently Asked Interview Questions

6) Pourquoi avez-vous quitté votre dernier poste / Why did you leave your last position

------

7) Comment gérez-vous le stress et les situations difficiles / How do you handle stress and difficult situations

------

8) Qu'est-ce qui vous motive dans votre travail / What motivates you in your work

------

9) Quels sont vos objectifs à court et à long terme / What are your short- and long-term goals

------

10) Avez-vous des questions pour nous / Do you have any questions for us

------

Notes

Questions fréquemment posées en entretien / Frequently Asked Interview Questions

6) Pourquoi avez-vous quitté votre dernier poste / Why did you leave your last position

Évaluation / Evaluation

Compétences techniques / Technical skills

A) Sur une échelle de 1 à 5, comment évaluez-vous les compétences techniques du candidat ?
On a scale of 1 to 5, how do you assess the candidate's technical skills?

1 - Faibles / Weak
2 - Moyennes / Average
3 - Bonnes / Good
4 - Très bonnes / Very good
5 - Excellentes / Excellent

Compétences comportementales / Behavioral skills

B) Sur une échelle de 1 à 5, comment évaluez-vous les compétences comportementales du candidat ?
On a scale of 1 to 5, how do you assess the candidate's behavioral skills?

1 - Faibles / Weak
2 - Moyennes / Average
3 - Bonnes / Good
4 - Très bonnes / Very good
5 - Excellentes / Excellent

Motivation et adéquation au poste / Motivation and job suitability

C) Sur une échelle de 1 à 5, comment évaluez-vous la motivation du candidat et son adéquation au poste ?
On a scale of 1 to 5, how do you assess the candidate's motivation and suitability for the position?

1 - Pas du tout motivé / Pas du tout adapté / Not motivated at all / Not suitable at all
2 - Peu motivé / Peu adapté / Slightly motivated / Slightly suitable
3 - Moyennement motivé / Moyennement adapté / Moderately motivated / Moderately suitable
4 - Très motivé / Très bien adapté / Highly motivated / Very well suited
5 - Extrêmement motivé / Parfaitement adapté / Extremely motivated / Perfectly suited

D) Synthèse globale de l'entretien / Overall interview summary

----

E) Décision / Decision:

1 - Recommander pour le poste / Recommend for the position
2 - Ne pas recommander pour le poste / Do not recommend for the position
3 - À revoir après un autre entretien / To be reconsidered after another interview

Nombre de candidats reçus pour le poste / Number of candidates interviewed for the position : ---------------

Classement du candidat (par rapport aux autres candidats) / Candidate ranking (compared to other candidates) : ---------------

Suite du processus d'entretien / Next steps in the interview process : ---------------

Délai de retour sur la candidature / Response time for the application : ---------------

Date du prochain entretien / Date of the next interview : ---------------

Interlocuteur du prochain entretien / Next interview contact person : ---------------

Décision finale / Final decision : ---------------

Informations sur l'entretien et l'entreprise / Information about the interview and the company

Date de l'entretien / Interview date : --

Interlocuteurs/ Interlocutors : ---

Fonction des interlocuteurs / Role of the interlocutors : --

Coordonnées des interlocuteurs / Contact details of the interlocutors : ----------------------

Nom de l'entreprise / Company name : ---

Activités principales / Main activities : ---

Informations clés de l'entreprise / Key information about the company :

Dernières actualités de l'entreprise / Latest news from the company :

Fiche de poste / Job description

Intitulé du poste / Job title : --

Missions principales du poste / Main responsibilities of the position :

Compétences techniques requises / Required technical skills :

Compétences secondaires ou transverses / Secondary or transversal skills : ----------------

Savoir-être / Soft skills : --

Diplômes requis / Required diplomas : --

Logiciels à maîtriser / Software to master : ---

Langues requises / Required languages : ---

Expérience requise / Required experience : --

Fourchette de rémunération / Salary range : ---

Avantages / Benefits : --

Contexte de création du poste / Context of the creation of the position : -------------------

Date de prise de poste / Start date : ---

Avec qui vais-je collaborer / Who will I collaborate with : ----------------------------------

Projets annexes / Additional projects : ---

Perspectives d'évolution / Career progression opportunities : -------------------------------

Composition de l'équipe / Team composition : ---

Informations sur le candidat / Candidate Information

Nom du candidat / Candidate's Name : ---

Localisation / Location : ---

Mobilité / Mobility : ---

Type de contrat recherché / Desired Contract Type : ---

Poste actuel ou dernier poste occupé / Current Position or Last position held : ---

Ancienneté sur le poste actuel / Seniority in Current Position : ---

Compétences et caractéristiques personnelles / Skills and Personal Traits

Dernier diplôme validé / Latest Degree Earned : ---

Nombre d'années d'expérience / Years of Experience : ---

Compétences techniques / Technical Skills : ---

Savoir-être / Soft Skills : ---

Logiciels maîtrisés / Software Proficiency : ---

Langues parlées / Languages Spoken : ---

Motivations / Motivations : ---

Objectifs court et moyen terme / Short- and medium-term goals : ---

Ambitions et projections / Ambitions and Career Goals : ---

Points forts / Strengths : ---

Axes d'amélioration / Areas for Improvement : ---

Fourchette de rémunération / Salary range : ---

Parcours professionnel du candidat / Candidate's Professional Background

Entreprise Compagny	Dates Date	Durée Duration	Type de contrat Contract Type	Poste Position	Motif du départ Reason of leaving

Ce que mes expériences professionnelles m'ont apporté / What my professional experiences have brought me :

Mes contributions et mes réalisations / My contributions and achievements :

Questions fréquemment posées en entretien / Frequently Asked Interview Questions

1) Parlez-moi de vous / Tell me about yourself

2) Pourquoi souhaitez-vous rejoindre notre entreprise / Why do you want to join our company

3) Quels sont vos points forts et vos points faibles / What are your strengths and weaknesses

4) Parlez-nous d'une situation où vous avez dû faire face à un défi professionnel / Tell us about a situation where you had to face a professional challenge

5) Où vous voyez-vous dans 5 ans / Where do you see yourself in 5 years

Notes

Questions fréquemment posées en entretien / Frequently Asked Interview Questions

6) Pourquoi avez-vous quitté votre dernier poste / Why did you leave your last position

----

7) Comment gérez-vous le stress et les situations difficiles / How do you handle stress and difficult situations

----

8) Qu'est-ce qui vous motive dans votre travail / What motivates you in your work

----

9) Quels sont vos objectifs à court et à long terme / What are your short- and long-term goals

----

10) Avez-vous des questions pour nous / Do you have any questions for us

----

Notes

Pourquoi avez-vous quitté votre dernier poste / Why did you leave your last position

----

Évaluation / Evaluation

Compétences techniques / Technical skills

A) Sur une échelle de 1 à 5, comment évaluez-vous les compétences techniques du candidat ?
On a scale of 1 to 5, how do you assess the candidate's technical skills?

1 - Faibles / Weak
2 - Moyennes / Average
3 - Bonnes / Good
4 - Très bonnes / Very good
5 - Excellentes / Excellent

Compétences comportementales / Behavioral skills

B) Sur une échelle de 1 à 5, comment évaluez-vous les compétences comportementales du candidat ?
On a scale of 1 to 5, how do you assess the candidate's behavioral skills?

1 - Faibles / Weak
2 - Moyennes / Average
3 - Bonnes / Good
4 - Très bonnes / Very good
5 - Excellentes / Excellent

Motivation et adéquation au poste / Motivation and job suitability

C) Sur une échelle de 1 à 5, comment évaluez-vous la motivation du candidat et son adéquation au poste ?
On a scale of 1 to 5, how do you assess the candidate's motivation and suitability for the position?

1 - Pas du tout motivé / Pas du tout adapté / Not motivated at all / Not suitable at all
2 - Peu motivé / Peu adapté / Slightly motivated / Slightly suitable
3 - Moyennement motivé / Moyennement adapté / Moderately motivated / Moderately suitable
4 - Très motivé / Très bien adapté / Highly motivated / Very well suited
5 - Extrêmement motivé / Parfaitement adapté / Extremely motivated / Perfectly suited

D) Synthèse globale de l'entretien / Overall interview summary

----

E) Décision / Decision:

1 - Recommander pour le poste / Recommend for the position
2 - Ne pas recommander pour le poste / Do not recommend for the position
3 - À revoir après un autre entretien / To be reconsidered after another interview

Nombre de candidats reçus pour le poste / Number of candidates interviewed for the position : ----------

Classement du candidat (par rapport aux autres candidats) / Candidate ranking (compared to other candidates) : ----------

Suite du processus d'entretien / Next steps in the interview process : ----------

Délai de retour sur la candidature / Response time for the application : ----------

Date du prochain entretien / Date of the next interview : ----------

Interlocuteur du prochain entretien / Next interview contact person : ----------

Décision finale / Final decision : ----------

Informations sur l'entretien et l'entreprise / Information about the interview and the company

Date de l'entretien / Interview date : --

Interlocuteurs/ Interlocutors : --

Fonction des interlocuteurs / Role of the interlocutors : --

Coordonnées des interlocuteurs / Contact details of the interlocutors : --

Nom de l'entreprise / Company name : --

Activités principales / Main activities : --

Informations clés de l'entreprise / Key information about the company :

Dernières actualités de l'entreprise / Latest news from the company :

Fiche de poste / Job description

Intitulé du poste / Job title : --

Missions principales du poste / Main responsibilities of the position :

Compétences techniques requises / Required technical skills :

Compétences secondaires ou transverses / Secondary or transversal skills : --

Savoir-être / Soft skills : --

Diplômes requis / Required diplomas : --

Logiciels à maîtriser / Software to master : --

Langues requises / Required languages : --

Expérience requise / Required experience : --

Fourchette de rémunération / Salary range : --

Avantages / Benefits : --

Contexte de création du poste / Context of the creation of the position : --

Date de prise de poste / Start date : --

Avec qui vais-je collaborer / Who will I collaborate with : --

Projets annexes / Additional projects : --

Perspectives d'évolution / Career progression opportunities : --

Composition de l'équipe / Team composition : --

Informations sur le candidat / Candidate Information

Nom du candidat / Candidate's Name : ----------

Localisation / Location : ----------

Mobilité / Mobility : ----------

Type de contrat recherché / Desired Contract Type : ----------

Poste actuel ou dernier poste occupé / Current Position or Last position held : ----------

Ancienneté sur le poste actuel / Seniority in Current Position : ----------

Compétences et caractéristiques personnelles / Skills and Personal Traits

Dernier diplôme validé / Latest Degree Earned : ----------

Nombre d'années d'expérience / Years of Experience : ----------

Compétences techniques / Technical Skills : ----------

Savoir-être / Soft Skills : ----------

Logiciels maîtrisés / Software Proficiency : ----------

Langues parlées / Languages Spoken : ----------

Motivations / Motivations : ----------

Objectifs court et moyen terme / Short- and medium-term goals : ----------

Ambitions et projections / Ambitions and Career Goals : ----------

Points forts / Strengths : ----------

Axes d'amélioration / Areas for Improvement : ----------

Fourchette de rémunération / Salary range : ----------

Parcours professionnel du candidat / Candidate's Professional Background

Entreprise Compagny	Dates Date	Durée Duration	Type de contrat Contract Type	Poste Position	Motif du départ Reason of leaving

Ce que mes expériences professionnelles m'ont apporté / What my professional experiences have brought me :

Mes contributions et mes réalisations / My contributions and achievements :

Questions fréquemment posées en entretien / Frequently Asked Interview Questions

1) Parlez-moi de vous / Tell me about yourself

----

2) Pourquoi souhaitez-vous rejoindre notre entreprise / Why do you want to join our company

----

3) Quels sont vos points forts et vos points faibles / What are your strengths and weaknesses

----

4) Parlez-nous d'une situation où vous avez dû faire face à un défi professionnel / Tell us about a situation where you had to face a professional challenge

----

5) Où vous voyez-vous dans 5 ans / Where do you see yourself in 5 years

----

Notes

Questions fréquemment posées en entretien / Frequently Asked Interview Questions

6) Pourquoi avez-vous quitté votre dernier poste / Why did you leave your last position

----

----

7) Comment gérez-vous le stress et les situations difficiles / How do you handle stress and difficult situations

----

----

8) Qu'est-ce qui vous motive dans votre travail / What motivates you in your work

----

----

9) Quels sont vos objectifs à court et à long terme / What are your short- and long-term goals

----

----

10) Avez-vous des questions pour nous / Do you have any questions for us

----

Notes

Questions fréquemment posées en entretien / Frequently Asked Interview Questions

----
-----Pourquoi avez-vous quitté votre dernier poste / Why did you leave your last position
----

Évaluation / Evaluation

Compétences techniques / Technical skills

A) Sur une échelle de 1 à 5, comment évaluez-vous les compétences techniques du candidat ?
On a scale of 1 to 5, how do you assess the candidate's technical skills?

1 - Faibles / Weak
2 - Moyennes / Average
3 - Bonnes / Good
4 - Très bonnes / Very good
5 - Excellentes / Excellent

Compétences comportementales / Behavioral skills

B) Sur une échelle de 1 à 5, comment évaluez-vous les compétences comportementales du candidat ?
On a scale of 1 to 5, how do you assess the candidate's behavioral skills?

1 - Faibles / Weak
2 - Moyennes / Average
3 - Bonnes / Good
4 - Très bonnes / Very good
5 - Excellentes / Excellent

Motivation et adéquation au poste / Motivation and job suitability

C) Sur une échelle de 1 à 5, comment évaluez-vous la motivation du candidat et son adéquation au poste ?
On a scale of 1 to 5, how do you assess the candidate's motivation and suitability for the position?

1 - Pas du tout motivé / Pas du tout adapté / Not motivated at all / Not suitable at all
2 - Peu motivé / Peu adapté / Slightly motivated / Slightly suitable
3 - Moyennement motivé / Moyennement adapté / Moderately motivated / Moderately suitable
4 - Très motivé / Très bien adapté / Highly motivated / Very well suited
5 - Extrêmement motivé / Parfaitement adapté / Extremely motivated / Perfectly suited

D) Synthèse globale de l'entretien / Overall interview summary

----

E) Décision / Decision:

1 - Recommander pour le poste / Recommend for the position
2 - Ne pas recommander pour le poste / Do not recommend for the position
3 - À revoir après un autre entretien / To be reconsidered after another interview

Nombre de candidats reçus pour le poste / Number of candidates interviewed for the position : --

Classement du candidat (par rapport aux autres candidats) / Candidate ranking (compared to other candidates) : ----------------------------------

Suite du processus d'entretien / Next steps in the interview process : --

Délai de retour sur la candidature / Response time for the application : --

Date du prochain entretien / Date of the next interview : ---

Interlocuteur du prochain entretien / Next interview contact person : ---

Décision finale / Final decision : --

Informations sur l'entretien et l'entreprise / Information about the interview and the company

Date de l'entretien / Interview date : ------

Interlocuteurs/ Interlocutors : ------

Fonction des interlocuteurs / Role of the interlocutors : ------

Coordonnées des interlocuteurs / Contact details of the interlocutors : ------

Nom de l'entreprise / Company name : ------

Activités principales / Main activities : ------

Informations clés de l'entreprise / Key information about the company :

Dernières actualités de l'entreprise / Latest news from the company :

Fiche de poste / Job description

Intitulé du poste / Job title : ------

Missions principales du poste / Main responsibilities of the position :

Compétences techniques requises / Required technical skills :

Compétences secondaires ou transverses / Secondary or transversal skills : ------

Savoir-être / Soft skills : ------

Diplômes requis / Required diplomas : ------

Logiciels à maîtriser / Software to master : ------

Langues requises / Required languages : ------

Expérience requise / Required experience : ------

Fourchette de rémunération / Salary range : ------

Avantages / Benefits : ------

Contexte de création du poste / Context of the creation of the position : ------

Date de prise de poste / Start date : ------

Avec qui vais-je collaborer / Who will I collaborate with : ------

Projets annexes / Additional projects : ------

Perspectives d'évolution / Career progression opportunities : ------

Composition de l'équipe / Team composition : ------

Informations sur le candidat / Candidate Information

Nom du candidat / Candidate's Name : ---

Localisation / Location : --

Mobilité / Mobility : ---

Type de contrat recherché / Desired Contract Type : --

Poste actuel ou dernier poste occupé / Current Position or Last position held : ---------------------

Ancienneté sur le poste actuel / Seniority in Current Position : ---

Compétences et caractéristiques personnelles / Skills and Personal Traits

Dernier diplôme validé / Latest Degree Earned : ---

Nombre d'années d'expérience / Years of Experience : --

Compétences techniques / Technical Skills : --

Savoir-être / Soft Skills : ---

Logiciels maîtrisés / Software Proficiency : ---

Langues parlées / Languages Spoken : --

Motivations / Motivations : --

Objectifs court et moyen terme / Short- and medium-term goals : -------------------------------------

Ambitions et projections / Ambitions and Career Goals : --

Points forts / Strengths : ---

Axes d'amélioration / Areas for Improvement : ---

Fourchette de rémunération / Salary range : --

Parcours professionnel du candidat / Candidate's Professional Background

Entreprise Compagny	Dates Date	Durée Duration	Type de contrat Contract Type	Poste Position	Motif du départ Reason of leaving

Ce que mes expériences professionnelles m'ont apporté / What my professional experiences have brought me :

Mes contributions et mes réalisations / My contributions and achievements :

Questions fréquemment posées en entretien / Frequently Asked Interview Questions

1) Parlez-moi de vous / Tell me about yourself

2) Pourquoi souhaitez-vous rejoindre notre entreprise / Why do you want to join our company

3) Quels sont vos points forts et vos points faibles / What are your strengths and weaknesses

4) Parlez-nous d'une situation où vous avez dû faire face à un défi professionnel / Tell us about a situation where you had to face a professional challenge

5) Où vous voyez-vous dans 5 ans / Where do you see yourself in 5 years

Notes

Questions fréquemment posées en entretien / Frequently Asked Interview Questions

6) Pourquoi avez-vous quitté votre dernier poste / Why did you leave your last position

---

7) Comment gérez-vous le stress et les situations difficiles / How do you handle stress and difficult situations

---

8) Qu'est-ce qui vous motive dans votre travail / What motivates you in your work

---

9) Quels sont vos objectifs à court et à long terme / What are your short- and long-term goals

---

10) Avez-vous des questions pour nous / Do you have any questions for us

---

Notes

Évaluation / Evaluation

Compétences techniques / Technical skills

A) Sur une échelle de 1 à 5, comment évaluez-vous les compétences techniques du candidat ?
On a scale of 1 to 5, how do you assess the candidate's technical skills?

1 - Faibles / Weak
2 - Moyennes / Average
3 - Bonnes / Good
4 - Très bonnes / Very good
5 - Excellentes / Excellent

Compétences comportementales / Behavioral skills

B) Sur une échelle de 1 à 5, comment évaluez-vous les compétences comportementales du candidat ?
On a scale of 1 to 5, how do you assess the candidate's behavioral skills?

1 - Faibles / Weak
2 - Moyennes / Average
3 - Bonnes / Good
4 - Très bonnes / Very good
5 - Excellentes / Excellent

Motivation et adéquation au poste / Motivation and job suitability

C) Sur une échelle de 1 à 5, comment évaluez-vous la motivation du candidat et son adéquation au poste ?
On a scale of 1 to 5, how do you assess the candidate's motivation and suitability for the position?

1 - Pas du tout motivé / Pas du tout adapté / Not motivated at all / Not suitable at all
2 - Peu motivé / Peu adapté / Slightly motivated / Slightly suitable
3 - Moyennement motivé / Moyennement adapté / Moderately motivated / Moderately suitable
4 - Très motivé / Très bien adapté / Highly motivated / Very well suited
5 - Extrêmement motivé / Parfaitement adapté / Extremely motivated / Perfectly suited

D) Synthèse globale de l'entretien / Overall interview summary

----

E) Décision / Decision:

1 - Recommander pour le poste / Recommend for the position
2 - Ne pas recommander pour le poste / Do not recommend for the position
3 - À revoir après un autre entretien / To be reconsidered after another interview

Nombre de candidats reçus pour le poste / Number of candidates interviewed for the position : ----------

Classement du candidat (par rapport aux autres candidats) / Candidate ranking (compared to other candidates) : ----------

Suite du processus d'entretien / Next steps in the interview process : ----------

Délai de retour sur la candidature / Response time for the application : ----------

Date du prochain entretien / Date of the next interview : ----------

Interlocuteur du prochain entretien / Next interview contact person : ----------

Décision finale / Final decision : ----------

Informations sur l'entretien et l'entreprise / Information about the interview and the company

Date de l'entretien / Interview date : ----------

Interlocuteurs/ Interlocutors : ----------

Fonction des interlocuteurs / Role of the interlocutors : ----------

Coordonnées des interlocuteurs / Contact details of the interlocutors : ----------

Nom de l'entreprise / Company name : ----------

Activités principales / Main activities : ----------

Informations clés de l'entreprise / Key information about the company :

Dernières actualités de l'entreprise / Latest news from the company :

Fiche de poste / Job description

Intitulé du poste / Job title : ----------

Missions principales du poste / Main responsibilities of the position :

Compétences techniques requises / Required technical skills :

Compétences secondaires ou transverses / Secondary or transversal skills : ----------

Savoir-être / Soft skills : ----------

Diplômes requis / Required diplomas : ----------

Logiciels à maîtriser / Software to master : ----------

Langues requises / Required languages : ----------

Expérience requise / Required experience : ----------

Fourchette de rémunération / Salary range : ----------

Avantages / Benefits : ----------

Contexte de création du poste / Context of the creation of the position : ----------

Date de prise de poste / Start date : ----------

Avec qui vais-je collaborer / Who will I collaborate with : ----------

Projets annexes / Additional projects : ----------

Perspectives d'évolution / Career progression opportunities : ----------

Composition de l'équipe / Team composition : ----------

Informations sur le candidat / Candidate Information

Nom du candidat / Candidate's Name : ----------

Localisation / Location : ----------

Mobilité / Mobility : ----------

Type de contrat recherché / Desired Contract Type : ----------

Poste actuel ou dernier poste occupé / Current Position or Last position held : ----------

Ancienneté sur le poste actuel / Seniority in Current Position : ----------

Compétences et caractéristiques personnelles / Skills and Personal Traits

Dernier diplôme validé / Latest Degree Earned : ----------

Nombre d'années d'expérience / Years of Experience : ----------

Compétences techniques / Technical Skills : ----------

Savoir-être / Soft Skills : ----------

Logiciels maîtrisés / Software Proficiency : ----------

Langues parlées / Languages Spoken : ----------

Motivations / Motivations : ----------

Objectifs court et moyen terme / Short- and medium-term goals : ----------

Ambitions et projections / Ambitions and Career Goals : ----------

Points forts / Strengths : ----------

Axes d'amélioration / Areas for Improvement : ----------

Fourchette de rémunération / Salary range : ----------

Parcours professionnel du candidat / Candidate's Professional Background

Entreprise Compagny	Dates Date	Durée Duration	Type de contrat Contract Type	Poste Position	Motif du départ Reason of leaving

Ce que mes expériences professionnelles m'ont apporté / What my professional experiences have brought me :

Mes contributions et mes réalisations / My contributions and achievements :

Questions fréquemment posées en entretien / Frequently Asked Interview Questions

1) Parlez-moi de vous / Tell me about yourself

2) Pourquoi souhaitez-vous rejoindre notre entreprise / Why do you want to join our company

3) Quels sont vos points forts et vos points faibles / What are your strengths and weaknesses

4) Parlez-nous d'une situation où vous avez dû faire face à un défi professionnel / Tell us about a situation where you had to face a professional challenge

5) Où vous voyez-vous dans 5 ans / Where do you see yourself in 5 years

Notes

Questions fréquemment posées en entretien / Frequently Asked Interview Questions

6) Pourquoi avez-vous quitté votre dernier poste / Why did you leave your last position

---

7) Comment gérez-vous le stress et les situations difficiles / How do you handle stress and difficult situations

---

8) Qu'est-ce qui vous motive dans votre travail / What motivates you in your work

---

9) Quels sont vos objectifs à court et à long terme / What are your short- and long-term goals

---

10) Avez-vous des questions pour nous / Do you have any questions for us

---

Notes

6) Pourquoi avez-vous quitté votre dernier poste / Why did you leave your last position

Évaluation / Evaluation

Compétences techniques / Technical skills

A) Sur une échelle de 1 à 5, comment évaluez-vous les compétences techniques du candidat ?
On a scale of 1 to 5, how do you assess the candidate's technical skills?

1 - Faibles / Weak
2 - Moyennes / Average
3 - Bonnes / Good
4 - Très bonnes / Very good
5 - Excellentes / Excellent

Compétences comportementales / Behavioral skills

B) Sur une échelle de 1 à 5, comment évaluez-vous les compétences comportementales du candidat ?
On a scale of 1 to 5, how do you assess the candidate's behavioral skills?

1 - Faibles / Weak
2 - Moyennes / Average
3 - Bonnes / Good
4 - Très bonnes / Very good
5 - Excellentes / Excellent

Motivation et adéquation au poste / Motivation and job suitability

C) Sur une échelle de 1 à 5, comment évaluez-vous la motivation du candidat et son adéquation au poste ?
On a scale of 1 to 5, how do you assess the candidate's motivation and suitability for the position?

1 - Pas du tout motivé / Pas du tout adapté / Not motivated at all / Not suitable at all
2 - Peu motivé / Peu adapté / Slightly motivated / Slightly suitable
3 - Moyennement motivé / Moyennement adapté / Moderately motivated / Moderately suitable
4 - Très motivé / Très bien adapté / Highly motivated / Very well suited
5 - Extrêmement motivé / Parfaitement adapté / Extremely motivated / Perfectly suited

D) Synthèse globale de l'entretien / Overall interview summary

----

E) Décision / Decision:

1 - Recommander pour le poste / Recommend for the position
2 - Ne pas recommander pour le poste / Do not recommend for the position
3 - À revoir après un autre entretien / To be reconsidered after another interview

Nombre de candidats reçus pour le poste / Number of candidates interviewed for the position : ------------------------------

Classement du candidat (par rapport aux autres candidats) / Candidate ranking (compared to other candidates) : ------------------------------

Suite du processus d'entretien / Next steps in the interview process : ------------------------------

Délai de retour sur la candidature / Response time for the application : ------------------------------

Date du prochain entretien / Date of the next interview : ------------------------------

Interlocuteur du prochain entretien / Next interview contact person : ------------------------------

Décision finale / Final decision : ------------------------------

Informations sur l'entretien et l'entreprise / Information about the interview and the company

Date de l'entretien / Interview date : --

Interlocuteurs / Interlocutors : --

Fonction des interlocuteurs / Role of the interlocutors : --

Coordonnées des interlocuteurs / Contact details of the interlocutors : ----------------------

Nom de l'entreprise / Company name : --

Activités principales / Main activities : --

Informations clés de l'entreprise / Key information about the company :

Dernières actualités de l'entreprise / Latest news from the company :

Fiche de poste / Job description

Intitulé du poste / Job title : ---

Missions principales du poste / Main responsibilities of the position :

Compétences techniques requises / Required technical skills :

Compétences secondaires ou transverses / Secondary or transversal skills : -----------------

Savoir-être / Soft skills : ---

Diplômes requis / Required diplomas : ---

Logiciels à maîtriser / Software to master : --

Langues requises / Required languages : --

Expérience requise / Required experience : ---

Fourchette de rémunération / Salary range : --

Avantages / Benefits : --

Contexte de création du poste / Context of the creation of the position : ------------------

Date de prise de poste / Start date : ---

Avec qui vais-je collaborer / Who will I collaborate with : -----------------------------------

Projets annexes / Additional projects : ---

Perspectives d'évolution / Career progression opportunities : ----------------------------

Composition de l'équipe / Team composition : --

Informations sur le candidat / Candidate Information

Nom du candidat / Candidate's Name : ---

Localisation / Location : --

Mobilité / Mobility : ---

Type de contrat recherché / Desired Contract Type : ---

Poste actuel ou dernier poste occupé / Current Position or Last position held : ---

Ancienneté sur le poste actuel / Seniority in Current Position : --

Compétences et caractéristiques personnelles / Skills and Personal Traits

Dernier diplôme validé / Latest Degree Earned : ---

Nombre d'années d'expérience / Years of Experience : --

Compétences techniques / Technical Skills : ---

Savoir-être / Soft Skills : ---

Logiciels maîtrisés / Software Proficiency : ---

Langues parlées / Languages Spoken : ---

Motivations / Motivations : --

Objectifs court et moyen terme / Short- and medium-term goals : --

Ambitions et projections / Ambitions and Career Goals : --

Points forts / Strengths : ---

Axes d'amélioration / Areas for Improvement : --

Fourchette de rémunération / Salary range : ---

Parcours professionnel du candidat / Candidate's Professional Background

Entreprise Compagny	Dates Date	Durée Duration	Type de contrat Contract Type	Poste Position	Motif du départ Reason of leaving

Ce que mes expériences professionnelles m'ont apporté / What my professional experiences have brought me :

Mes contributions et mes réalisations / My contributions and achievements :

Questions fréquemment posées en entretien / Frequently Asked Interview Questions

1) Parlez-moi de vous / Tell me about yourself

------

2) Pourquoi souhaitez-vous rejoindre notre entreprise / Why do you want to join our company

------

3) Quels sont vos points forts et vos points faibles / What are your strengths and weaknesses

------

4) Parlez-nous d'une situation où vous avez dû faire face à un défi professionnel / Tell us about a situation where you had to face a professional challenge

------

5) Où vous voyez-vous dans 5 ans / Where do you see yourself in 5 years

------

Notes

Questions fréquemment posées en entretien / Frequently Asked Interview Questions

6) Pourquoi avez-vous quitté votre dernier poste / Why did you leave your last position

------

7) Comment gérez-vous le stress et les situations difficiles / How do you handle stress and difficult situations

------

8) Qu'est-ce qui vous motive dans votre travail / What motivates you in your work

------

9) Quels sont vos objectifs à court et à long terme / What are your short- and long-term goals

------

10) Avez-vous des questions pour nous / Do you have any questions for us

------

Notes

-6) Pourquoi avez-vous quitté votre dernier poste / Why did you leave your last position

------

Évaluation / Evaluation

Compétences techniques / Technical skills

A) Sur une échelle de 1 à 5, comment évaluez-vous les compétences techniques du candidat ?
On a scale of 1 to 5, how do you assess the candidate's technical skills?

1 - Faibles / Weak
2 - Moyennes / Average
3 - Bonnes / Good
4 - Très bonnes / Very good
5 - Excellentes / Excellent

Compétences comportementales / Behavioral skills

B) Sur une échelle de 1 à 5, comment évaluez-vous les compétences comportementales du candidat ?
On a scale of 1 to 5, how do you assess the candidate's behavioral skills?

1 - Faibles / Weak
2 - Moyennes / Average
3 - Bonnes / Good
4 - Très bonnes / Very good
5 - Excellentes / Excellent

Motivation et adéquation au poste / Motivation and job suitability

C) Sur une échelle de 1 à 5, comment évaluez-vous la motivation du candidat et son adéquation au poste ?
On a scale of 1 to 5, how do you assess the candidate's motivation and suitability for the position?

1 - Pas du tout motivé / Pas du tout adapté / Not motivated at all / Not suitable at all
2 - Peu motivé / Peu adapté / Slightly motivated / Slightly suitable
3 - Moyennement motivé / Moyennement adapté / Moderately motivated / Moderately suitable
4 - Très motivé / Très bien adapté / Highly motivated / Very well suited
5 - Extrêmement motivé / Parfaitement adapté / Extremely motivated / Perfectly suited

D) Synthèse globale de l'entretien / Overall interview summary

---

E) Décision / Decision:

1 - Recommander pour le poste / Recommend for the position
2 - Ne pas recommander pour le poste / Do not recommend for the position
3 - À revoir après un autre entretien / To be reconsidered after another interview

Nombre de candidats reçus pour le poste / Number of candidates interviewed for the position : ---

Classement du candidat (par rapport aux autres candidats) / Candidate ranking (compared to other candidates) : ---

Suite du processus d'entretien / Next steps in the interview process : ---

Délai de retour sur la candidature / Response time for the application : ---

Date du prochain entretien / Date of the next interview : ---

Interlocuteur du prochain entretien / Next interview contact person : ---

Décision finale / Final decision : ---

Informations sur l'entretien et l'entreprise / Information about the interview and the company

Date de l'entretien / Interview date : ----------

Interlocuteurs/ Interlocutors : ----------

Fonction des interlocuteurs / Role of the interlocutors : ----------

Coordonnées des interlocuteurs / Contact details of the interlocutors : ----------

Nom de l'entreprise / Company name : ----------

Activités principales / Main activities : ----------

Informations clés de l'entreprise / Key information about the company :

Dernières actualités de l'entreprise / Latest news from the company :

Fiche de poste / Job description

Intitulé du poste / Job title : ----------

Missions principales du poste / Main responsibilities of the position :

Compétences techniques requises / Required technical skills :

Compétences secondaires ou transverses / Secondary or transversal skills : ----------

Savoir-être / Soft skills : ----------

Diplômes requis / Required diplomas : ----------

Logiciels à maîtriser / Software to master : ----------

Langues requises / Required languages : ----------

Expérience requise / Required experience : ----------

Fourchette de rémunération / Salary range : ----------

Avantages / Benefits : ----------

Contexte de création du poste / Context of the creation of the position : ----------

Date de prise de poste / Start date : ----------

Avec qui vais-je collaborer / Who will I collaborate with : ----------

Projets annexes / Additional projects : ----------

Perspectives d'évolution / Career progression opportunities : ----------

Composition de l'équipe / Team composition : ----------

Informations sur le candidat / Candidate Information

Nom du candidat / Candidate's Name : ---

Localisation / Location : ---

Mobilité / Mobility : ---

Type de contrat recherché / Desired Contract Type : ---

Poste actuel ou dernier poste occupé / Current Position or Last position held : ---

Ancienneté sur le poste actuel / Seniority in Current Position : ---

Compétences et caractéristiques personnelles / Skills and Personal Traits

Dernier diplôme validé / Latest Degree Earned : ---

Nombre d'années d'expérience / Years of Experience : ---

Compétences techniques / Technical Skills : ---

Savoir-être / Soft Skills : ---

Logiciels maîtrisés / Software Proficiency : ---

Langues parlées / Languages Spoken : ---

Motivations / Motivations : ---

Objectifs court et moyen terme / Short- and medium-term goals : ---

Ambitions et projections / Ambitions and Career Goals : ---

Points forts / Strengths : ---

Axes d'amélioration / Areas for Improvement : ---

Fourchette de rémunération / Salary range : ---

Parcours professionnel du candidat / Candidate's Professional Background

Entreprise Compagny	Dates Date	Durée Duration	Type de contrat Contract Type	Poste Position	Motif du départ Reason of leaving

Ce que mes expériences professionnelles m'ont apporté / What my professional experiences have brought me :

Mes contributions et mes réalisations / My contributions and achievements :

Questions fréquemment posées en entretien / Frequently Asked Interview Questions

1) Parlez-moi de vous / Tell me about yourself

2) Pourquoi souhaitez-vous rejoindre notre entreprise / Why do you want to join our company

3) Quels sont vos points forts et vos points faibles / What are your strengths and weaknesses

4) Parlez-nous d'une situation où vous avez dû faire face à un défi professionnel / Tell us about a situation where you had to face a professional challenge

5) Où vous voyez-vous dans 5 ans / Where do you see yourself in 5 years

Notes

Questions fréquemment posées en entretien / Frequently Asked Interview Questions

6) Pourquoi avez-vous quitté votre dernier poste / Why did you leave your last position

------

7) Comment gérez-vous le stress et les situations difficiles / How do you handle stress and difficult situations

------

8) Qu'est-ce qui vous motive dans votre travail / What motivates you in your work

------

9) Quels sont vos objectifs à court et à long terme / What are your short- and long-term goals

------

10) Avez-vous des questions pour nous / Do you have any questions for us

------

Notes

Questions fréquemment posées en entretien / Frequently Asked Interview Questions

6) Pourquoi avez-vous quitté votre dernier poste / Why did you leave your last position

Évaluation / Evaluation

Compétences techniques / Technical skills

A) Sur une échelle de 1 à 5, comment évaluez-vous les compétences techniques du candidat ?
On a scale of 1 to 5, how do you assess the candidate's technical skills?

1 - Faibles / Weak
2 - Moyennes / Average
3 - Bonnes / Good
4 - Très bonnes / Very good
5 - Excellentes / Excellent

Compétences comportementales / Behavioral skills

B) Sur une échelle de 1 à 5, comment évaluez-vous les compétences comportementales du candidat ?
On a scale of 1 to 5, how do you assess the candidate's behavioral skills?

1 - Faibles / Weak
2 - Moyennes / Average
3 - Bonnes / Good
4 - Très bonnes / Very good
5 - Excellentes / Excellent

Motivation et adéquation au poste / Motivation and job suitability

C) Sur une échelle de 1 à 5, comment évaluez-vous la motivation du candidat et son adéquation au poste ?
On a scale of 1 to 5, how do you assess the candidate's motivation and suitability for the position?

1 - Pas du tout motivé / Pas du tout adapté / Not motivated at all / Not suitable at all
2 - Peu motivé / Peu adapté / Slightly motivated / Slightly suitable
3 - Moyennement motivé / Moyennement adapté / Moderately motivated / Moderately suitable
4 - Très motivé / Très bien adapté / Highly motivated / Very well suited
5 - Extrêmement motivé / Parfaitement adapté / Extremely motivated / Perfectly suited

D) Synthèse globale de l'entretien / Overall interview summary

---

E) Décision / Decision:

1 - Recommander pour le poste / Recommend for the position
2 - Ne pas recommander pour le poste / Do not recommend for the position
3 - À revoir après un autre entretien / To be reconsidered after another interview

Nombre de candidats reçus pour le poste / Number of candidates interviewed for the position : ---

Classement du candidat (par rapport aux autres candidats) / Candidate ranking (compared to other candidates) : ---

Suite du processus d'entretien / Next steps in the interview process : ---

Délai de retour sur la candidature / Response time for the application : ---

Date du prochain entretien / Date of the next interview : ---

Interlocuteur du prochain entretien / Next interview contact person : ---

Décision finale / Final decision : ---

Informations sur l'entretien et l'entreprise / Information about the interview and the company

Date de l'entretien / Interview date : ----------

Interlocuteurs/ Interlocutors : ----------

Fonction des interlocuteurs / Role of the interlocutors : ----------

Coordonnées des interlocuteurs / Contact details of the interlocutors : ----------

Nom de l'entreprise / Company name : ----------

Activités principales / Main activities : ----------

Informations clés de l'entreprise / Key information about the company :

Dernières actualités de l'entreprise / Latest news from the company :

Fiche de poste / Job description

Intitulé du poste / Job title : ----------

Missions principales du poste / Main responsibilities of the position :

Compétences techniques requises / Required technical skills :

Compétences secondaires ou transverses / Secondary or transversal skills : ----------

Savoir-être / Soft skills : ----------

Diplômes requis / Required diplomas : ----------

Logiciels à maîtriser / Software to master : ----------

Langues requises / Required languages : ----------

Expérience requise / Required experience : ----------

Fourchette de rémunération / Salary range : ----------

Avantages / Benefits : ----------

Contexte de création du poste / Context of the creation of the position : ----------

Date de prise de poste / Start date : ----------

Avec qui vais-je collaborer / Who will I collaborate with : ----------

Projets annexes / Additional projects : ----------

Perspectives d'évolution / Career progression opportunities : ----------

Composition de l'équipe / Team composition : ----------

Informations sur le candidat / Candidate Information

Nom du candidat / Candidate's Name : ---

Localisation / Location : ---

Mobilité / Mobility : ---

Type de contrat recherché / Desired Contract Type : ---

Poste actuel ou dernier poste occupé / Current Position or Last position held : ---

Ancienneté sur le poste actuel / Seniority in Current Position : ---

Compétences et caractéristiques personnelles / Skills and Personal Traits

Dernier diplôme validé / Latest Degree Earned : ---

Nombre d'années d'expérience / Years of Experience : ---

Compétences techniques / Technical Skills : ---

Savoir-être / Soft Skills : ---

Logiciels maîtrisés / Software Proficiency : ---

Langues parlées / Languages Spoken : ---

Motivations / Motivations : ---

Objectifs court et moyen terme / Short- and medium-term goals : ---

Ambitions et projections / Ambitions and Career Goals : ---

Points forts / Strengths : ---

Axes d'amélioration / Areas for Improvement : ---

Fourchette de rémunération / Salary range : ---

Parcours professionnel du candidat / Candidate's Professional Background

Entreprise Compagny	Dates Date	Durée Duration	Type de contrat Contract Type	Poste Position	Motif du départ Reason of leaving

Ce que mes expériences professionnelles m'ont apporté / What my professional experiences have brought me :

Mes contributions et mes réalisations / My contributions and achievements :

Questions fréquemment posées en entretien / Frequently Asked Interview Questions

1) Parlez-moi de vous / Tell me about yourself

2) Pourquoi souhaitez-vous rejoindre notre entreprise / Why do you want to join our company

3) Quels sont vos points forts et vos points faibles / What are your strengths and weaknesses

4) Parlez-nous d'une situation où vous avez dû faire face à un défi professionnel / Tell us about a situation where you had to face a professional challenge

5) Où vous voyez-vous dans 5 ans / Where do you see yourself in 5 years

Notes

Questions fréquemment posées en entretien / Frequently Asked Interview Questions

6) Pourquoi avez-vous quitté votre dernier poste / Why did you leave your last position

7) Comment gérez-vous le stress et les situations difficiles / How do you handle stress and difficult situations

8) Qu'est-ce qui vous motive dans votre travail / What motivates you in your work

9) Quels sont vos objectifs à court et à long terme / What are your short- and long-term goals

10) Avez-vous des questions pour nous / Do you have any questions for us

Notes

Questions fréquemment posées en entretien / Frequently Asked Interview Questions

6) Pourquoi avez-vous quitté votre dernier poste / Why did you leave your last position

Évaluation / Evaluation

Compétences techniques / Technical skills

A) Sur une échelle de 1 à 5, comment évaluez-vous les compétences techniques du candidat ?
On a scale of 1 to 5, how do you assess the candidate's technical skills?

1 - Faibles / Weak
2 - Moyennes / Average
3 - Bonnes / Good
4 - Très bonnes / Very good
5 - Excellentes / Excellent

Compétences comportementales / Behavioral skills

B) Sur une échelle de 1 à 5, comment évaluez-vous les compétences comportementales du candidat ?
On a scale of 1 to 5, how do you assess the candidate's behavioral skills?

1 - Faibles / Weak
2 - Moyennes / Average
3 - Bonnes / Good
4 - Très bonnes / Very good
5 - Excellentes / Excellent

Motivation et adéquation au poste / Motivation and job suitability

C) Sur une échelle de 1 à 5, comment évaluez-vous la motivation du candidat et son adéquation au poste ?
On a scale of 1 to 5, how do you assess the candidate's motivation and suitability for the position?

1 - Pas du tout motivé / Pas du tout adapté / Not motivated at all / Not suitable at all
2 - Peu motivé / Peu adapté / Slightly motivated / Slightly suitable
3 - Moyennement motivé / Moyennement adapté / Moderately motivated / Moderately suitable
4 - Très motivé / Très bien adapté / Highly motivated / Very well suited
5 - Extrêmement motivé / Parfaitement adapté / Extremely motivated / Perfectly suited

D) Synthèse globale de l'entretien / Overall interview summary

----

E) Décision / Decision:

1 - Recommander pour le poste / Recommend for the position
2 - Ne pas recommander pour le poste / Do not recommend for the position
3 - À revoir après un autre entretien / To be reconsidered after another interview

Nombre de candidats reçus pour le poste / Number of candidates interviewed for the position : ----------

Classement du candidat (par rapport aux autres candidats) / Candidate ranking (compared to other candidates) : ----------

Suite du processus d'entretien / Next steps in the interview process : ----------

Délai de retour sur la candidature / Response time for the application : ----------

Date du prochain entretien / Date of the next interview : ----------

Interlocuteur du prochain entretien / Next interview contact person : ----------

Décision finale / Final decision : ----------

Informations sur l'entretien et l'entreprise / Information about the interview and the company

Date de l'entretien / Interview date : --

Interlocuteurs/ Interlocutors : ---

Fonction des interlocuteurs / Role of the interlocutors : --

Coordonnées des interlocuteurs / Contact details of the interlocutors : --

Nom de l'entreprise / Company name : ---

Activités principales / Main activities : ---

Informations clés de l'entreprise / Key information about the company :

Dernières actualités de l'entreprise / Latest news from the company :

Fiche de poste / Job description

Intitulé du poste / Job title : --

Missions principales du poste / Main responsibilities of the position :

Compétences techniques requises / Required technical skills :

Compétences secondaires ou transverses / Secondary or transversal skills : --

Savoir-être / Soft skills : ---

Diplômes requis / Required diplomas : ---

Logiciels à maîtriser / Software to master : --

Langues requises / Required languages : --

Expérience requise / Required experience : ---

Fourchette de rémunération / Salary range : --

Avantages / Benefits : ---

Contexte de création du poste / Context of the creation of the position : --

Date de prise de poste / Start date : --

Avec qui vais-je collaborer / Who will I collaborate with : --

Projets annexes / Additional projects : --

Perspectives d'évolution / Career progression opportunities : --

Composition de l'équipe / Team composition : ---

Informations sur le candidat / Candidate Information

Nom du candidat / Candidate's Name : --

Localisation / Location : ---

Mobilité / Mobility : --

Type de contrat recherché / Desired Contract Type : ---

Poste actuel ou dernier poste occupé / Current Position or Last position held : -----------------------

Ancienneté sur le poste actuel / Seniority in Current Position : --

Compétences et caractéristiques personnelles / Skills and Personal Traits

Dernier diplôme validé / Latest Degree Earned : ---

Nombre d'années d'expérience / Years of Experience : ---

Compétences techniques / Technical Skills : --

Savoir-être / Soft Skills : --

Logiciels maîtrisés / Software Proficiency : ---

Langues parlées / Languages Spoken : ---

Motivations / Motivations : ---

Objectifs court et moyen terme / Short- and medium-term goals : --------------------------------------

Ambitions et projections / Ambitions and Career Goals : --

Points forts / Strengths : ---

Axes d'amélioration / Areas for Improvement : --

Fourchette de rémunération / Salary range : ---

Parcours professionnel du candidat / Candidate's Professional Background

Entreprise Compagny	Dates Date	Durée Duration	Type de contrat Contract Type	Poste Position	Motif du départ Reason of leaving

Ce que mes expériences professionnelles m'ont apporté / What my professional experiences have brought me :

Mes contributions et mes réalisations / My contributions and achievements :

Questions fréquemment posées en entretien / Frequently Asked Interview Questions

1) Parlez-moi de vous / Tell me about yourself

2) Pourquoi souhaitez-vous rejoindre notre entreprise / Why do you want to join our company

3) Quels sont vos points forts et vos points faibles / What are your strengths and weaknesses

4) Parlez-nous d'une situation où vous avez dû faire face à un défi professionnel / Tell us about a situation where you had to face a professional challenge

5) Où vous voyez-vous dans 5 ans / Where do you see yourself in 5 years

Notes

Questions fréquemment posées en entretien / Frequently Asked Interview Questions

6) Pourquoi avez-vous quitté votre dernier poste / Why did you leave your last position

---

7) Comment gérez-vous le stress et les situations difficiles / How do you handle stress and difficult situations

---

8) Qu'est-ce qui vous motive dans votre travail / What motivates you in your work

---

9) Quels sont vos objectifs à court et à long terme / What are your short- and long-term goals

---

10) Avez-vous des questions pour nous / Do you have any questions for us

---

Notes

Évaluation / Evaluation

Compétences techniques / Technical skills

A) Sur une échelle de 1 à 5, comment évaluez-vous les compétences techniques du candidat ?
On a scale of 1 to 5, how do you assess the candidate's technical skills?

1 - Faibles / Weak
2 - Moyennes / Average
3 - Bonnes / Good
4 - Très bonnes / Very good
5 - Excellentes / Excellent

Compétences comportementales / Behavioral skills

B) Sur une échelle de 1 à 5, comment évaluez-vous les compétences comportementales du candidat ?
On a scale of 1 to 5, how do you assess the candidate's behavioral skills?

1 - Faibles / Weak
2 - Moyennes / Average
3 - Bonnes / Good
4 - Très bonnes / Very good
5 - Excellentes / Excellent

Motivation et adéquation au poste / Motivation and job suitability

C) Sur une échelle de 1 à 5, comment évaluez-vous la motivation du candidat et son adéquation au poste ?
On a scale of 1 to 5, how do you assess the candidate's motivation and suitability for the position?

1 - Pas du tout motivé / Pas du tout adapté / Not motivated at all / Not suitable at all
2 - Peu motivé / Peu adapté / Slightly motivated / Slightly suitable
3 - Moyennement motivé / Moyennement adapté / Moderately motivated / Moderately suitable
4 - Très motivé / Très bien adapté / Highly motivated / Very well suited
5 - Extrêmement motivé / Parfaitement adapté / Extremely motivated / Perfectly suited

D) Synthèse globale de l'entretien / Overall interview summary

----

E) Décision / Decision:

1 - Recommander pour le poste / Recommend for the position
2 - Ne pas recommander pour le poste / Do not recommend for the position
3 - À revoir après un autre entretien / To be reconsidered after another interview

Nombre de candidats reçus pour le poste / Number of candidates interviewed for the position : --

Classement du candidat (par rapport aux autres candidats) / Candidate ranking (compared to other candidates) : ------------------------------------

Suite du processus d'entretien / Next steps in the interview process : --

Délai de retour sur la candidature / Response time for the application : --

Date du prochain entretien / Date of the next interview : --

Interlocuteur du prochain entretien / Next interview contact person : --

Décision finale / Final decision : --

Astuces et conseils

Pour les 10 questions fréquemment posées en entretien d'embauche, je te donne pour chacune :
- L'objectif caché du recruteur
- Des conseils stratégiques pour bien répondre
- Un exemple de bonne réponse (adaptable selon le profil

1. Parlez-moi de vous.

Objectif du recruteur :
Comprendre ton parcours, ta logique professionnelle et ta capacité à structurer un discours.
Conseils :
Sois clair, concis et structuré (utilise la méthode présent – passé – futur).
Oriente ta présentation vers le poste visé.
Garde un ton professionnel (pas de vie perso sauf si c'est pertinent).
Exemple :
"Actuellement chargée de mission RH dans une PME industrielle, j'ai auparavant travaillé 5 ans en cabinet de recrutement, où j'ai accompagné de nombreux clients dans leurs recherches de profils spécialisés. Ce double regard me permet aujourd'hui d'avoir une approche stratégique et opérationnelle du recrutement. Je souhaite à présent évoluer dans une structure où je pourrai combiner conseil RH et gestion de projets transverses, comme dans votre entreprise."

2. Pourquoi souhaitez-vous rejoindre notre entreprise ?

Objectif du recruteur :
Tester ta motivation réelle et ta connaissance de l'entreprise.
Conseils :
Montre que tu as fait des recherches.
Fais le lien entre leurs valeurs / projets / secteur et tes motivations ou compétences.
Exemple :
"J'ai été particulièrement attiré par vos engagements en faveur de l'innovation durable et votre positionnement international. Je souhaite contribuer à un projet porteur de sens et rejoindre une équipe dynamique comme la vôtre, dans laquelle mes compétences en gestion de projet et en coordination multiculturelle pourront être utiles."

3. Quels sont vos points forts et vos points faibles ?

Objectif du recruteur :
Évaluer ton sens de l'auto-analyse et ton honnêteté.
Conseils :
Pour les points forts : choisis ceux qui sont pertinents pour le poste (et illustre-les !).
Pour les points faibles : parle d'un point réel mais en voie d'amélioration, sans impacter directement le poste.
Exemple :
Forces : "Je suis rigoureuse, réactive, et j'ai une forte capacité d'adaptation, ce qui m'a permis de réussir plusieurs intégrations en contexte de changement rapide."
Faiblesse : "J'avais tendance à trop vouloir tout maîtriser moi-même, mais j'ai appris à déléguer davantage, ce qui m'a permis de gagner en efficacité collective."

4. Parlez-nous d'une situation où vous avez dû faire face à un défi professionnel.

Objectif du recruteur :
Évaluer tes compétences comportementales (résilience, prise d'initiative, résolution de problème).
Conseils :
Utilise la méthode STAR : Situation – Tâche – Action – Résultat.
Choisis une situation valorisante où tu es l'acteur principal.
Exemple :
"Lors de mon précédent poste, un collègue a quitté l'équipe en plein projet client. J'ai repris en urgence ses dossiers tout en menant les miens. J'ai mis en place un rétroplanning partagé pour éviter les doublons, ce qui nous a permis de livrer à temps. Le client nous a ensuite confié un second projet, preuve de satisfaction."

5. Où vous voyez-vous dans 5 ans ?

Objectif du recruteur : Vérifier ta vision professionnelle, ton ambition réaliste et ta stabilité.
Conseils :
Reste cohérent avec le poste visé.
Évite les réponses floues ou trop ambitieuses ("directeur général") sauf si le poste s'y prête.
Exemple :
"Dans 5 ans, je me vois évoluer vers un poste de chef de projet senior, avec une expertise renforcée dans la gestion d'équipes transverses. Je souhaite aussi continuer à développer mes compétences en management et gestion de la performance."

Notes

---

6. Pourquoi avez-vous quitté votre dernier poste ?

Objectif du recruteur :
Comprendre ta trajectoire et ton état d'esprit.
Conseils :
Sois positif et professionnel (pas de critiques).
Parle de ton besoin d'évolution, de valeurs ou de contexte (mais sans plainte).
Exemple :
"Mon poste était très formateur, mais après trois années, j'avais fait le tour de mes missions. Je souhaitais retrouver un environnement plus stimulant, avec davantage de perspectives d'évolution, comme celui que vous proposez aujourd'hui."

7. Comment gérez-vous le stress et les situations difficiles ?

Objectif du recruteur : Tester ton mécanisme d'adaptation et ta capacité à garder ton calme.
Conseils :
Illustre avec un exemple concret.
Montre que tu prends du recul, que tu sais prioriser et demander de l'aide si besoin.
Exemple :
"Je commence par analyser la situation objectivement, puis je la découpe en étapes pour éviter de me laisser submerger. Lors d'un pic d'activité en fin d'année, j'ai mis en place une to-do list hebdomadaire priorisée, ce qui m'a permis de gérer mes missions sereinement et d'éviter les retards."

8. Qu'est-ce qui vous motive dans votre travail ?

Objectif du recruteur :
Comprendre ce qui te booste au quotidien et si cela colle avec la culture d'entreprise.
Conseils :
Relie tes sources de motivation à des éléments concrets du poste.
Sois authentique : motivation ≠ argent (même si c'est important).
Exemple :
"Ce qui me motive, c'est de résoudre des problèmes concrets et de contribuer à des projets collectifs. J'aime voir l'impact de mon travail au quotidien, comme lors de la mise en place d'un nouveau process qui a fait gagner du temps à toute l'équipe."

9. Quels sont vos objectifs à court et à long terme ?

Objectif du recruteur :
Évaluer ta projection et ta logique de développement professionnel.
Conseils :
Le court terme : intégration et prise de poste efficace.
Le long terme : évolution réaliste dans la structure ou le métier.
Exemple :
"À court terme, je souhaite m'intégrer rapidement, bien comprendre les enjeux de l'équipe et monter en compétence sur vos outils internes. À long terme, j'aimerais prendre en charge des projets plus stratégiques et encadrer une petite équipe."

10. Avez-vous des questions pour nous ?

Objectif du recruteur :
Tester ton intérêt réel et ta préparation.
Conseils :
Prépare 2 à 3 questions pertinentes.
Évite de poser uniquement des questions concernant sur le salaire et les avantages.
Exemples de questions :
"Quels sont les principaux défis de ce poste dans les 6 premiers mois ?"
"Quelles sont les prochaines grandes étapes de développement de l'équipe ou du service ?"
"Comment décririez-vous la culture managériale de l'entreprise ?"

Motivation et confiance

Entraine-toi avec ces 3 derniers conseils essentiels :

1. Prépare tes réponses à l'avance, mais reste naturel(le).
2. Adapte tes exemples concrets au poste visé.
3. Reste positif(ve) en toute circonstance – même pour parler de tes faiblesses ou de ton ancien poste.

Rappelle-toi que tu as des véritables talents et potentiels qui méritent d'être révélés.
Tu mérites d'atteindre le succès, l'accomplissement et l'épanouissement professionnels.

Self motivation - Affirmation positive

Tips and Advice

The 10 most common interview questions, with:

- The hidden goal behind each question
- The best strategy to answer it effectively
- An example response (adaptable to your profile)

1. Tell me about yourself.

Goal:
Understand your career path, logic, and ability to present yourself clearly.
Tips:
Use the Present – Past – Future structure.
Keep it professional and concise.
Focus on what's relevant to the job you're applying for.
Example:
"I'm currently a project coordinator at a mid-size tech company, where I manage cross-functional teams on product development. Before that, I worked in customer support, which helped me build strong communication and problem-solving skills. I'm now looking to take on a more strategic role, which is why your project manager opening caught my attention."

2. Why do you want to join our company?

Goal:
Check how much you know about the company and if your values match theirs.
Tips:
Mention specific facts about the company: mission, culture, projects.
Show how your goals/skills align with theirs.
Example:
"I've followed your work in the healthcare tech space and admire your commitment to innovation. I'm particularly excited by your latest initiative on digital patient services, which fits well with my background in UX design and my passion for improving user experience in meaningful sectors."

3. What are your strengths and weaknesses?

Goal:
Assess your self-awareness and honesty.
Tips:
Choose strengths that match the job.
Pick a real weakness, but explain how you're working on it.
Example:
Strengths: "I'm highly organized and proactive, which helps me anticipate issues before they arise and keep teams aligned."
Weakness: "I used to struggle with saying no, which sometimes led to taking on too much. I've been working on setting clearer boundaries and prioritizing more effectively."

4. Tell me about a time you faced a professional challenge.

Goal:
Evaluate your problem-solving skills and resilience.
Tips:
Use the STAR method: Situation – Task – Action – Result.
Choose a challenge with a positive outcome.
Example:
"During a product launch, we discovered a major bug two days before release. I organized an emergency task force with QA and dev teams, reallocated tasks, and stayed late to ensure we patched and retested in time. The product launched successfully, and we received great client feedback."

5. Where do you see yourself in 5 years?

Goal:
See if your career vision aligns with the company's opportunities.
Tips:
Stay realistic and relevant.
Show ambition, but don't aim too far beyond the current role unless it makes sense.
Example:
"In five years, I hope to be leading a team of my own and driving projects from concept to delivery. I want to continue developing my skills in strategic planning and team leadership within an organization that values growth and innovation."

Notes

----

6. Why did you leave your last job?

Goal:
Understand your career move and attitude.
Tips:
Stay positive.
Avoid blaming your former employer. Focus on your goals or the next step in your path.
Example:
 "I enjoyed my time at my previous company, but after three years in the same role, I felt ready for new challenges. I'm looking for a position where I can grow, take on more responsibility, and work in a more dynamic environment—like the one you offer."

7. How do you handle stress and pressure?

Goal:
Test your emotional intelligence and coping strategies.
Tips:
Show that you're proactive and don't let stress overwhelm you.
Use a real example to prove your approach works.
Example:
 "When I feel stressed, I focus on breaking tasks into manageable steps and setting priorities. For instance, during a busy quarter-end, I used time-blocking and clear communication with my team to stay on track and even delivered ahead of schedule."

8. What motivates you at work?

Goal:
Understand your drivers and whether they match the company's culture.
Tips:
Avoid generic answers like "money".
Link motivation to impact, learning, people, purpose—something deeper.
Example:
 "I'm driven by challenges that push me to grow and improve. I especially enjoy solving problems that have a real impact, whether it's improving a process or helping a client reach their goals."

9. What are your short- and long-term goals?

Goal:
See if your plans are structured and aligned with the job path.
Tips:
Short-term: learning, contributing, growing.
Long-term: realistic progression in the field or company.
Example:
 "In the short term, I want to successfully transition into this role, learn your systems, and make a strong contribution to team projects. Long-term, I'd like to evolve into a leadership position and take on strategic responsibilities."

10. Do you have any questions for us?

Goal:
Evaluate your interest and preparation.
Tips:
Always have at least two thoughtful questions ready.
Don't ask about salary/benefits in the first interview unless they bring it up.
Examples:
"How do you define success for this role in the first six months?"
"Can you describe the team I'd be working with?"
"What are the company's priorities for the upcoming year?"

Motivation and Confidence

Practice with these 3 final essential tips:

1. Prepare your answers in advance, but stay natural.
2. Tailor your real-life examples to the position you're applying for.
3. Stay positive in all circumstances – even when talking about your weaknesses or your previous job.

Remember: you have real talents and potential that deserve to be seen.
You are worthy of success, achievement, and professional fulfillment.

Self motivation - Positive affirmation

Remerciement

Merci d'avoir utilisé l'Interview Book pour préparer vos entretiens.
J'espère que cet outil vous a permis de gagner en clarté et en confiance pour vos prochaines étapes professionnelles.
Bonne chance dans vos projets !

Thank You

Thank you for using the Interview Book to prepare for your interviews.
I hope this tool has helped you gain clarity and confidence for your next professional steps.
Good luck with your future endeavors!

© 2025 Pharadia Joseph
Édition : BoD · Books on Demand, 31 avenue Saint-Rémy, 57600 Forbach, bod@bod.fr
Impression : Libri Plureos GmbH, Friedensallee 273, 22763 Hamburg (Allemagne)
ISBN : 978-2-3225-5857-5
Dépôt légal : juin 2025